AF384248

LES PREROGATIVES DE LA ROBE.

*Par Monsieur de F*****
Conseiller au Parlement.

A PARIS,

Chez JACQUES LE FEBVRE Imprimeur
Libraire, ruë saint Severin', prés a
de la Harpe, au Soleil d'O

M. DCCI.

Avec Privilege du Ro

TABLE
DES CHAPITRES,

Continus

Au Livre des Prerogatives
de la Robe.

TABLE

CHAPITRE III.

CHAPITRE IV.

CHAPITRE V.

TABLE

CHAPITRE IX.

CHAPITRE X.

PREROGATIVES

DE

LA ROBE.

Chapitre Premier.

Que la plus belle fonction des Rois est de rendre la Justice: Et que les Rois de France l'ont rendüe eux-mesmes jusques à ce qu'ils s'en soient déchargez sur les Parlemens.

'Estat Monarchique est celui de tous les Estats, qu'el'on peut dire le plus parfait; & entre toutes les Monarchies, la Françoise est celle, qui a sçeu mieux

A

qu'aucune , accorder l'autorité des Rois avec la liberté des Peuples. Ceux qui l'établirent d'abord dans la Gaule Belgique, & ensuite dans le reste des Gaules, prirent le nom de *Francs*, conforme à leur maniere de vivre. Aïant engagé une grande partie de leurs Voisins à faire une Ligue contre les Romains, ils firent comprendre aux plus Considerables d'entre eux, que s'ils en mettoient quelqu'un à leur teste, à l'exemple des autres Nations, ce n'estoit que pour commander à des hommes libres. Celui qu'ils choisirent le premier pour l'élever sur le Thrône, refusa d'y monter, avant que leurs Loix fussent redigées par écrit & publiées en leurs Assemblées generales, aussi bien que les conditions de leur Traité.

C'est pour cela que ce Prince, auquel on a donné le nom de *Vvara-*

Vvaramundum, Mar-comiti filium præter cæteros obsidem Honorio datum ejusdem

mond, du mot Allemand, qui signi-fie *Bouche de verité*, commit quatre des plus puissans Seigneurs du Païs de Tongres, dont ils estoient les Juges naturels, pour ramasser ces Loix & pour les examiner ; ce qu'ils firent selon les apparences en trois *Malles* ou Parlemens, comme quelques anciens Auteurs ont écrit.

On a découvert dans nôtre Siecle non seulement la situation de leurs Seigneuries, mais on y a trouvé un Païsage, qui doit leur avoir paru fort agreable & fort commode pour y habiter ; il y avoit des Bois, des Prairies, des Rivieres & des ruïnes de plusieurs Bastimens, plus grands que les maisons ordinaires, dans un Canton d'une étenduë raisonnable, qui se nomme *France*.

Gregoire de Tours, le plus ancien

Vvaramundi principatu, ac forsan etiam ductu irruptionem fecisse circa annum 417. in Galliam.	Hadrianus Valesius, *dans un ancien Manuscrit.* Defuncto Sunnone Franci petierunt consilium à Marcomiro, ut

Hiſtorien que nous aïons, rapporté qu'on diſoit de ſon temps, que Clodion habitoit dans un Chaſteau prés de Tongres, nommé *Diſparg*, & quoiqu'il y en ait un à peu prés de meſme nom dans la Franconie. On ne peut reſiſter à des preuves auſſi fortes, que celles qu'on a données au Public en ce Siecle, que c'eſt en deçà du Rhin, plutoſt qu'en delà, qu'a eſté le ſejour de Clodion, & que la Loi Salique a eſté écrite en l'an 424. comme porte le premier titre de Goldaſt. Il eſt meſme aſſez difficile de croire, que Meroüée aïant eſté appellé par Ætius, General de l'Empereur Valentinien, à ſon ſecours contre Attila, & pendant que les deux Nations & les deux Armées étoient jointes ; les Romains n'aïent inſpiré aux

Regem haberent ſicut cæteræ Nationes, & elegerunt Vvaramundum ejus filium, & Legem, quam Conſi-liarli eorum ceperunt Viſogaſt, Bodogaſt, Arbogaſt, Salegaſt. *Leges Salicæ illuſtratæ.*

Francs quelque chose de l'esprit du Code Theodosien, qui estoit alors suivi dans toutes les Gaules ; & que Clovis, aïant deffait Alaric & Gondebaut, n'ait pas eu le dessein de joindre la Loi Gombette, les Loix Ripuaires & les Usages particuliers des Païs qu'ils avoient conquis, à la Loi Salique, comme Goldast a voulu le marquer dans son second Titre.

Quoiqu'il en soit, il est certain qu'il a témoigné suffisamment l'intention qu'il avoit d'oster de toutes les Loix, ce qui pouvoit y estre demeuré des erreurs du Paganisme, mais ne voulant pas y renoncer qu'avec l'agrément de tous les François, afin de les engager par cette complaisance à suivre son exemple ; il fit convoquer une As-

Du Tillet. Sigebet.   Dominus & Toparcha, *Aymoin.*   *Seigneur.*

Glossarium Salicum   Natale solum, *Leges* Gotofridi Vendelini.   *Salica.* De quatuor do- Gastur idem quod   miciliis Gastorum.

semblée generale en pleine Campagne, dans laquelle leur aïant proposé d'embrasser la Religion Chrétienne avec lui, ils le suivirent tous à l'Eglise de S. Martin de Tours, où il receut les Lettres de Consul & d'Auguste, qu'Anastase Empereur d'Orient lui envoïoit. Aprés les avoir lûës, il se revestit de la Robe de Pourpre, & aïant mis le Diademe sur son front, il monta à cheval pour se faire voir en cet équipage, & répandit des pieces d'or & d'argent parmi le peuple, qui poussa de grands cris de joïe & d'applaudissement, le nommant *Consul &* *Auguste.*

Ce grand Prince qui avoit fait tant de choses à l'age de 45. ans, mourut en 511. sans achever l'ouvrage qu'il avoit commencé, je

Goldastus Tomo 3. Constitutionum Vvaramundi primi. Leges Salicæ decretæ in Comitiis Salintensibus per Francos, & eorum Proceres, & per Regem postea cùm eisdem Francis, & toto cœtu populi confirmatæ, &

veux dire, sans avoir compilé toutes ces Loix pour en faire un corps. En 512. le Roy Theodoric son fils choisit les quatre plus habiles Jurisconsultes de son temps, & les plus versez en la connoissance de ce qui s'estoit pratiqué dans le partage des differens Royaumes, qui avoit esté fait entre les Princes ses enfans, pour y travailler; mais ni lui ni Clotaire ne l'avancerent pas beaucoup; l'honneur en fut reservé à Dagobert, lequel, ne faisant rien sans le conseil de Saint Arnoul, Duc d'Austrasie, Regent du Royaume sous Clotaire II. pere d'Ansegise, ayeul de Pepin, redigea ces Loix en sept Livres.

sancitæ anno Domini 424.

 Idem Goldastus novum titulum præfigit.

 Clodovæi Regis Francorum Augusti Consulis Romani, ac Patricii decretiones Vvaramundi legibus addendæ in Comitiis Aquisgranensibus anno Imperii sui quinto cum universo cœtu populi promulgatæ & pro lege haberi jussæ.

 Grande Chronique, Vie de Clovis.

Depuis la mort de Clovis, les grandes guerres qu'eurent ses enfans & leurs descendans les uns contre les autres, & la faineantise des derniers Princes de sa Race, furent cause que les Peuples s'accoutumerent à ne considerer que les Maires du Palais, ausquels ils avoient abandonné toute leur autorité; mais cela ne changea rien à la forme du Gouvernement de cette Monarchie.

Childebert, Clotaire & Clovis II. en 534. & 539. avoient tenu plusieurs Parlemens à Attigny, à Cologne, à Soissons & en d'autres lieux pour y juger plusieurs questions en matiere civile & cri-

---

Procerum Regni atque Exercitus se tentaturum sententiam. Prologus seu præfatio ex editione Heroldi. Alter editionis Puteanæ.

Gregoire de Tours Liv. 2.

Childebertus 534. Cum in Dei nomine nos omnes Kal. Mart. unà cum nostris Optimatibus pertractavimus ita Deo auxiliante Attiniaco anno xx. Regni nostricum Teudis nostris Childeri-

minelle, qu'ils jugeoient en effet comme Maires ; car les Maires ne faifoient alors, que joindre leur qualité de Maires avec celle de Rois, comme avoit fait Pepin-Heriftel, pere de Charles Martel.

Ce fameux Heros defcendu en droite ligne de Clovis par les femmes, & par les mâles, de Saint Arnoul, Duc & Maire du Palais de France & d'Auftrafie, avant fa mort arrivée en l'an 651. avoit réuni toute la France, auparavant partagée en plufieurs Royaumes, & avoit vaincu les Saxons, les Allemands & les Sarrazins : il ne prenoit que la qualité de Maire de France & d'Auftrafie, & Pepin le Bref, fon fils qui y avoit ajoûté la qualité de *Duc des François* en l'an 744. n'aïant pas voulu prendre celle de

ci II. Regis Franco- | &c. in anno 1. Chil-
rum & Pipini Majoris | derici Regis Franco-
domûs decretum in | rum ego Pipinus Dux
Comitiis Suemonenfi- | & Princeps Franco-
bus in Dei nomine, | rum, 651.

Roy , qu'en l'Assemblée du Parlement General, qui se devoit tenir
à Soissons en 752. il y fut cou-
ronné avec l'applaudissement des
François & ensuite sacré , aprés
que Childeric III. à qui on avoit
coupé les cheveux, eût été mis dans
un Monastere, & que la Reine
Gisele , sa femme, eût pris le voile
dans un autre.

Les grandes actions de Martel &
de Pepin , suivies de la valeur &
de l'habileté de Charles son fils,
lui aïant fraïé le chemin pour s'é-
lever à une plus grande dignité ;
il ne fut pas long-temps sans se voir
maître d'un Empire qui approchoit
de la grandeur de l'Empire Ro-
main ; & comme il estoit non seulement un vaillant Capitaine, mais
encore un grand Saint, les voïages

<table>
<tr><td>

Hintmar en l'Epitre
de Ord. & Offic. Pal.
cité par du Cange &
Pithou aprés la Coutu-
me de Champagne.

</td><td>

Cum calciaretur &
amiciretur non tan-
tum amicos admitte-
bat, verum etiam si
Comes Palatii litem

</td></tr>
</table>

qu'il faiſoit dans les parties de l'Europe les plus éloignées & les plus barbares, eſtoient des Conqueſtes pour la Religion Chreſtienne autant que pour l'Empire François. Le grand nombre d'Egliſes qu'il a fait baſtir dans la Veſtphalie, la Saxe & l'Allemagne, avec tous les droits de ſouveraineté, qui ſubſiſtent encore aujourd'hui, auſſi-bien que les revenus qu'il y a annexez, aprés y avoir fait preſcher l'Evangile, marquent encore à preſent ſa pieté & le progrés de ſes victoires. Mais ce qui eſtoit de plus rare & de plus admirable en ce grand Empereur, c'eſtoit ſon application continuelle à rendre la Juſtice : Comme il eſtoit perſuadé que c'eſtoit par cet emploi que les Rois devoient commencer leur journée,

aliquam eſſe diceret, quæ ſine ejus juſſu definiri non poſſet, ſtatim litigantes introducere jubebat, & velut pro Tribunali federet, lite cognitâ Sententiam dicebat.
Goldaſt. Vignier.
877. Kal. Junii.

Eginard nous apprend que dans tous les lieux où il alloit, en s'habillant le matin, il permettoit que ses Amis les plus familiers entrassent en sa Chambre; qu'il demandoit au Chapelain & au Comte de son Palais, s'il n'y avoit personne qui eust à lui parler d'affaires Ecclesiastiques, ou de quelque procés de consequence, comme il y en avoit fort souvent; & s'il y en avoit, il commandoit qu'on fist entrer les parties, & sur le champ, apres les avoir entendus, il rendoit son jugement, comme s'il eût esté sur le Thrône: Je ne parle point de l'Audience qu'il tenoit un jour toutes les semaines, comme remarque Mezeray en son Abregé Chronologique.

A Compiegne il tint un Parlement

Per Capitula qualiter Regnum filius suus Ludovicus cum primoribus regeret, usque dum Româ rediret. Duodecim Proceres divini Juris prudentes ut conttroversias cognoscant.

pour establir Loüis le Debonnaire, son fils, Regent dans le Royaume, avec quelques Seigneurs pour lui aider à rendre la justice en son absence ; ensuite il envoïa en Italie douze Hommes des plus savans dans le Droit, avec pouvoir d'y juger les Causes de la plus grande consequence, sur les plaintes de quelques Particuliers, qu'on s'estoit mis en possession de leurs heritages. Dans le premier Parlement qui se tint ensuite, il nomma des Commissaires pour en faire informer dans les Provinces, & pour faire rendre tout ce qui se trouveroit avoir esté mal pris. Quoiqu'il se retirast souvent en des Monasteres pour y passer les Festes solemnelles, il ne laissoit pas d'y faire venir des Gens de son Conseil pour travailler avec eux,

Pithou Hist. des Comtes de Champagne.

Habitoque aquis Granenss, generali Conventu populi sui ad justitias faciendas & oppressiones populares levandas., Legatos per omnes Regni partes misit, & erepta per vim

comme il a fait souvent dans celuy de Saint Quentin à la Feste de la Purification de la sainte Vierge.

Aprés cela on ne peut pas douter que les Rois, qu'on appelle communément de la premiere & seconde Race, ne se soient soûmis aux Loix & aux manieres des François, comme de rendre la Justice eux-mêmes, & de ne rien resoudre de quelque importance, sans en avoir deliberé dans les Assemblées ordinaires, ou convoquées à des jours certains & prefix.

Toute la vie de Clovis, de Charlemagne, de Loüis le Debonnaire & de Charles le Chauve, en sont des preuves. Car pour ce qui est

patrimonia restituit.
814.
Carolus in Purificatione B. Mariæ cum Consiliariis suis placitum in Monasterio Sancti Quintini tenuit. *Aymon. lib. 5. cap. 51.* Ego Childebertus

Rex unà cum assensu & voluntate Francorum & Neustrasiorum &c. cœpi construere Templum in Urbe Parisiaca. *Aymon. l. 2. cap. 20.* 874. *Fauchet l. 10, chap. 10.*

dés Princes qui ont poſſedé quelques parcelles de ce grand Empire, aprés Loüis le Begue, ils ont eſté ſi diviſez entre eux, & ſi peu capables de porter le titre *d'Empereurs*, ni même celui de *Rois*, que du Tillet dit qu'à peine peut-on démeſler lequel d'eux a regné. C'eſt pourquoi Lothaire qui eſtoit le dernier, n'aïant pû ſe maintenir dans la Normandie, & aïant cedé la Lorraine à l'Empereur Othon, ſe contenta de recommander ſon fils Loüis V. à Hugues Capet, fils de Hugues le Grand, Comte de Paris, qui ſe trouva enfin le ſeul Prince, auquel le Royaume appartinſt naturellement, comme deſcendant de Childebrand, Cadet de Charles-Martel, dont la branche aiſnée eſtoit éteinte. La France joüit d'une profonde paix pen-

Parlement 13. Iuin pour recevoir les Annuels, que ſon peuple avoit accoutumé de luy donner.

dant les huit ou neuf années du Regne du Roy Robert, son fils, qui avoit eu pour Precepteur le Pape Silvestre II. & qui fut sçavant, & si pieux, qu'il est mort en odeur de sainteté. Les voïages de Philippe Auguste en la Terre-Sainte, & les Batailles qu'il gagna contre les Anglois & les Flamands, ne l'empécherent pas de s'appliquer à chasser les Juifs hors de son Royaume : Il institua un Prevost des Marchands à Paris pour y regler la Police ; mais le zele de Saint Louis pour l'accroissement de la Religion Chrestienne ; lui fit faire autant de voïages en Affrique & en Asie, que Charlemagne en avoit fait en Europe ; il bastit grand nombre d'Eglises & d'Hôpitaux en plusieurs lieux ; fonda les Universitez de Thoulouse & de Bourges, & augmenta les privileges de celle de Paris, par une affection pour les Lettres, pareille à celle qu'avoit euë ce grand

grand Empereur : il ne ſe contenta
pas de la Police que Philippe-Au-
guſte y avoit eſtablie; il fit une
Loi pour la conſervation des Droits
& Privileges de l'Egliſe Gallicane,
qu'on appelle *Pragmatique San-*
ction, pour maintenir la Juriſdiction des Prelats, & la liberté des
Elections ſuivant les regles preſ-
crites par les Conciles & par les
ſaints Decrets, pour la reforma-
tion de l'Ordre Eccleſiaſtique, con-
formément aux Capitulaires de
Charlemagne, de Louis le Debonnaire & de Charles le Chauve:
outre cela il fit des Ordonnances
particulieres, concernant les Fiefs,
écrites en lettres antiques ſur du
velin, où l'on a mis l'année de ſa
mort; elles prouvent l'amour qu'il
avoit pour la Juſtice qu'il a toûjours exercée de ſon vivant. Philippe le Bel, Louis Hutin & Philippe de Valois qui les ont ſuivi,
ne pouvoient pas marquer mieux

la ratification qu'ils faiſoient de l'obligation que nos premiers Rois avoient contractée avec leurs Sujets , que par les privileges qu'ils ont accordez à leurs deſcendans dans les Eſtats ou Parlemens tenus dans les temps, où pluſieurs de nos Hiſtoriens croïent qu'ils ont eſté rendus ſtables & ſedentaires à Paris , au lieu qu'ils eſtoient autrefois ambulatoires, & ſuivoient les Rois dans tous leurs voïages. Car c'eſt la meſme choſe que ces anciennes Conventions, & s'il eſt vrai que ce ſoit en ce temps-là, qu'ils ſe ſont voulu décharger ſur

1170.
Traité des Fiefs de le Févre.
1314. 1338. 1339.

Louis Hutin conclud qu'on ne levera point de Tailles ſans urgente neceſſité.

Philippe de Valois environ ce temps ſuivant le Privilege de Louis Hutin Roy de

France & de Navarre par les Eſtats de France en preſence de Philippe de Valois , qui s'accorda qu'on ne pourroit lever Taille ſur le peuple, ſi une urgente neceſſité ou évidente utilité ne le requeroit , & l'octroy des Gens des Eſtats. N. Gille Roſier de France.

les Parlemens, de la fatigue de la
difcuſſion des procés civils, & de
la haine de la punition des crimes;
il faut que ce ſoit dans le meſme
temps qu'ils ont pris quelques-uns
du Corps du Parlement, ou des
plus grands Seigneurs de leur Cour
pour s'en faire un Conſeil particu-
lier, que l'on a nommé *Conſeil
Secret & Grand-Conſeil*; car il eſt
fait mention pendant les Regnes de
Louis Hutin, Charles VI. & de
Charles VII. d'un Grand Referen-
daire, qui avoit la Plume auſſi bien
que le Scel Royal, comme le Chan-
celier preſentement, & qui y preſi-
doit : mais ce Conſeil ſemble avoir
eſté pluſtoſt établi pour les affaires
d'Eſtat ou pour les Ambaſſades au
moment de ſa creation, que comme
une Cour particuliere, qui euſt
Juriſdiction contentieuſe comme
elle en a eu depuis, dont les Conſeillers eſtoient alors confondus
avec le Parlement, de la maniere

dont parle Alain Chartier dans son
Histoire de Charles VII. au sujet
du procés fait au Duc d'Alençon à
Vendôme en 1458. encore qu'il ne
dise pas que le Roy y tint son Parlement, mais seulement son grand
Conseil, c'est-à-dire son Parlement, dans lequel ceux de son Conseil & les Pairs estoient.

Ce Conseil qui a esté créé par le
Roy Loüis XII. en 1498. non
seulement n'a pas laissé d'avoir une
assez grande Jurisdiction à cause
des affaires beneficiales & autres
de differente nature, qui lui ont été
attribuées, & des évocations qui y
ont esté faites : Mais les Chance-
liers Poyet, Olivier & de l'Hos-
pital en ont formé peu à peu un
autre, auquel ils ont mieux aimé
presider, qu'au grand-Conseil, dont
ils ont laissé la Presidence aux
Maistres des Requestes. Depuis

In stilo Curiæ Par- | & 3. de rescript, &
lamenti, part. 3. tit. 2. | elect.

l'établiſſement de ce nouveau Conſeil d'Eſtat, l'ambition de tous les Officiers du Royaume a eſté d'y avoir place ; cependant le Parlement a eu toûjours l'honneur d'être le Siege de nos Rois ; ils y ont accoûtumé de tenir leur Lit de Juſtice, les Pairs y ont leurs Séances ordinaires, les Edits y ſont verifiez & enregiſtrez ; la Juſtice s'y rend continuellement en leur nom, & les Conſeillers du grand - Conſeil & du Conſeil d'Eſtat n'y ont plus ſeance, comme autrefois, quand ils faiſoient partie de ce Corps , & quoique Philippe le Bel ait fait rebaſtir le vieux Palais de Clovis , il ne s'enſuit pas pour cela, que ce ſoit lui qui y ait rendu le Parlement ſedentaire à l'avenir , pluſtoſt que Philippe Auguſte.

On peut preſumer au contraire, que voulant ceder au Parlement le lieu où il devoit rendre la Juſtice, il a fait baſtir le Chaſteau du

Louvre prés des Thuilleries pour
y demeurer, & qu'il a donné ses or-
dres pour y faire travailler aussi-
bien qu'à toutes ses grandes entre-
prises, lors qu'il partit pour son
voïage de la Terre Sainte. La
Charte même de l'an 1302. à laquelle on attribuë la fixation du Parlement de Paris, porte expressément
que le Parlement de Thoulouse y
tiendra comme par le passé ; que
celui de Paris tiendra deux fois
l'année, comme l'Eschiquier deux
fois à Roüen, & les Grands-Jours
deux fois à Troyes : d'où il est aisé
d'inferer, qu'il y avoit un Parlement à Thoulouse devant Philippe le Bel. La Roche-Flavin dit
qu'un ancien Style de ce Parlement écrit par le President Aufrery,
cotte des Arrests compilez par quatre Conseillers dudit Parlement,

Livre 1. Chap. 7.
Actum Tholosæ in
domo communi in pu- | blico Parlamento anno
| 1251.

dont il y en a de l'année 1207.
où l'on voit que les Coutumes de
Thouloufe ont efté confirmées du
temps d'Alphonfe , Comte de
Thouloufe, de Poitiers, & Marquis
de Provence.

On ne peut pas non plus douter
que les anciens Ducs de Normandie
n'y euffent un Parlement ou un
Efchiquier, qui eftoit la même cho-
fe ; puifque Guillaume le Conque-
rant n'a eftabli le Parlement d'An-
gleterre, que fur le modelle de celui, qui eftoit eftabli en fon Duché
de Normandie , à l'exemple de
celui du Royaume ; & qu'on trou-
ve dans les Regiftres du Parlement de Roüen, que Philippe
Augufte, aïant conquis cette grande Province, y avoit eftabli une
Cour, qu'on nommoit *Efchiquier*,
où s'appelloient les Prelats, Comtes & Barons, Juges & Praticiens
du Païs avec grande folemnité &
dépenfe, qui fe tenoit de temps en

temps à Roüen, & qui estoit appel-
lée Souveraine.

C'est pourquoi bien loin d'estre
du sentiment de du Tillet, qui dit
que le Parlement de Paris n'y a esté
rendu sedentaire, que par Philippe
de Valois , il semble qu'il y ait
lieu de croire , que ce fut sous
Loüis le jeune, auquel il attribuë
la creation des douze Pairs de
France en l'année 1479. Que les
exhortations de S. Bernard aïant
excité tous les Princes à se croiser,
& l'heureux succés de Godefroy de
Boüillon les ayant animez tous à
la conqueste de la Terre Sainte,
nos Rois abandonnerent leurs
Royaumes pour seconder un si
pieux dessein ; & qu'ainsi ils furent
obligez de commettre à leur place

Sur l'*Ab. de S. Vin-* | *Tillet.* 1134.
cent l. 2. de l'Histoire | 1143. *Louis le jeune*
de l'Vniversité, parlant | *Parlement à Paris.*
de Louis le Gros : Ac- | *Philippe Auguste* ibid.
tum *Parisius in Pala-* | 1188 *Pour resoudre le*
tio nostro publico. Du | *voyage de la Terre Ste.*

des

des gens pour adminiſtrer à leurs
ſujets la Juſtice , qu'ils étoient
obligez de leur rendre ; ils ne re-
vinrent plus au Parlement , que
pour juger conjointement avec lui
les grandes Cauſes , qui avoient le
privilege d'y eſtre jugées parce que
c'étoit la Cour des Pairs. Philippe
Auguſte, ſon fils, aïant reconquis
le Languedoc , la Guyenne & la
Normandie, y établit des Cours
Souveraines , au lieu qu'auparavant elles eſtoient dépendan-
tes du Parlement de Paris , qu'il
menoit d'autres fois avec lui , &
qu'il laiſſoit quelquefois en cette
Ville , où il avoit fixé ſa de-
meure ordinaire , comme ils faiſoient dés ce temps-là. Il n'eſt pas

<table>
<tr><td>

*Louis VIII. pour la
Regence de la Reine &
Couronnement du Roy à
Paris.*
   Saint Louis 1269.
   A Paris la Croiſade

</td><td>

reſoluë.
   Philippe le Bel en
1300. *Aſſemblée contre
le Pape.*
   Rigordus, Vvillemus. Armoricus. tom.*

</td></tr>
</table>